Charbel Gauthe

Les discours de l'histoire africaine

Des indépendances à nos jours

Bibliografische Information der Deutschen Nationalbibliothek:
Die Deutsche Nationalbibliothek verzeichnet diese Publikation
in der Deutschen Nationalbibliografie; detaillierte
bibliografische Daten sind im Internet über http://dnb.dnb.de
abrufbar.

© 2019 Charbel Gauthe

Herstellung und Verlag: BoD – Books on Demand, Norderstedt

ISBN: 978-3-7504-1266-8

SOMMAIRE

Introduction

"Nul n'a le droit d'effacer une page de l'histoire d'un peuple car un peuple sans histoire est un monde sans âme."
Alain FOKA

L'histoire d'un peuple n'est pas seulement composée des actes des femmes et des hommes qui y appartiennent. Mais elle est surtout faite par des mots, des paroles, des voix. En Afrique, l'humain et la parole ne font qu'un. Leurs valeurs respectives s'équivalent. La parole donnée doit être respectée et on juge une femme ou un homme à sa parole. Malgré tous les discours faisant croire à une inexistence de l'histoire africaine à cause de l'oralité prédominante dans nos cultures, il n'en demeure pas moins que l'Afrique du XXIème siècle a été faite par des femmes et des hommes qui ont su utiliser leurs voix pour convaincre, motiver, initier, et donner de l'espoir à un peuple qui en a besoin.

Ce recueil présente vingt-cinq discours qui font désormais partie de l'histoire africaine. Il se veut être une contribution à l'écriture et à la fixation de l'histoire du continent africain. Les discours qui suivent couvrent une période de soixante-deux ans, allant des indépendances à nos jours. Leurs auteurs appartiennent à diverses catégories de la société : politiciens, écrivains, acteurs de la société civile, chanteurs. Les thèmes abordés sont entre autres l'unité africaine, l'indépendance économique et monétaire, la répartition des biens, la bonne gouvernance, la femme, l'aide au développement, la jeunesse etc.

D'aucuns pourraient trouver que certains discours importants auraient été omis. L'auteur de ce recueil en est conscient et en assume la responsabilité. L'objectif principal de cet ouvrage étant d'offrir à l'élève et à l'étudiant un ouvrage compact et simple mais qui renferme l'essentiel des pensées qui ont fait l'Afrique et qui la font toujours. Cet ouvrage est donc destiné à l'usage dans le milieu scolaire et académique. De façon consciente les textes n'ont pas été commenté pour éviter d'influencer la lectrice et le lecteur par un quelconque courant de pensée et lui permettre une interprétation libre mais surtout une réflexion critique. Les textes en anglais dans leur majorité n'ont pas été traduits afin de garder leur originalité. Pour les élèves et étudiants il est important de leur présenter ces textes en anglais afin d'éveiller leur sens pour cette langue incontournable de nos jours. Aussi, l'intégration régionale en Afrique exige une maîtrise de l'anglais.

L'histoire a été aussi, à un moment donné, l'avenir des peuples qui l'ont faite. L'avenir ne doit donc pas être occulté d'autant plus que l'histoire est pour l'avenir. C'est pour cette raison qu'après les discours, suivent deux lettres écrites par un homme de lettre et un opérateur économique. Elles sont destinées à la jeunesse, et donc, à la génération à venir afin qu'elle prenne garde et apprenne des faux-pas mais aussi des succès des aînés.

Les discours qui suivent sont présentés dans un ordre chronologique suivant l'année et la date de leur prononciation. Chaque discours a été remis dans son contexte historique et une chronologie de la vie de l'auteur permet de saisir les faits marquants de sa vie. Aussi, la pensée dominante de chaque discours est énoncée à l'entame du discours. Dans le but de simplifier la lecture, les discours sont réduits à leur plus importante valeur – certains discours s'étendent sur plusieurs pages et évoquent d'autres sujets qui ne cadrent pas avec la thématique de cet ouvrage qui est l'histoire africaine. Tout n'a donc pas été transcrit ou présenté. Les phrases pleines de vigueur et de force ont été formatées en *italique*. Les pages vides serviront à noter les idées ou réflexions qui viendront à l'esprit à la lecture des textes. En fin d'ouvrage un index permet de retrouver les discours par pays, par auteur et par année.

La fièvre des indépendances

Kwame Nkrumah

"We must change our attitudes and our minds."

At long last, the battle has ended! And thus, Ghana, your beloved country is free forever! [...]

And, as I pointed out from now on, today, *we must change our attitudes and our minds*. We must realize that from now on we are no longer a colonial but free and independent people.

But also, as I pointed out, that also entails hard work. That new Africa is ready to fight his own battles and show that after all *the black man is capable of managing his own affairs*. [...]

As I said to the Assembly a few minutes ago, I made a point that we are going *to create our own Africa personality and identity*. It is the only way we can show the world that we are ready for our own battles. [...]

We have won the battle and again rededicate ourselves ... our independence is meaningless unless it is linked up with the total liberation of Africa. [...]

Reshaping Ghana's destiny, I am depending on the millions of the country, and the chiefs and the people, to help me to reshape the destiny of this country. We are prepared to pick it up and make it a nation that will be respected by every nation in the world.

We know were going to have difficult beginnings, but again, I am relying on your support..., I am relying upon your hard work.

Seeing you in this... It doesn't matter how far my eyes go; I can see that you are here in your millions. And my last warning to you is that you are to stand firm behind us so that we can prove to the world that *when the African is given a chance, he can show the world that he is somebody*!

We have awakened. We will not sleep anymore. Today, from now one, *there is a new African in the world!*

Discours de l'indépendance, 6 mars 1957

Chronologie

21 septembre 1909 : Naissance à Nkroful, Ghana

1942 – 1945 : Président de l'Association des étudiants africains des États-Unis et du Canada.

12 juin 1949 : Fonde la Convention People's Party (CPP)

1954 : Obtient le droit de vote pour les femmes. Il était le chef du gouvernement.

6 mars 1957 : Proclame l'indépendance de la Côte-de-l'Or qu'il rebaptisa Ghana.

1er mai 1959 : Forme une union avec la Guinée selon son idée de construire les États-Unis d'Afrique avec un gouvernement central.

24 février 1966 : Est victime d'un coup d'État et se réfugie en Guinée chez son ami Sékou Touré.

27 avril 1972 : Décès à Bucarest, Roumanie

Notes

Félix Houphouët-Boigny

« L'avenir de l'Afrique se fera par sa Jeunesse. »

[...]

Un pays ne peut avancer, quels que soient les moyens mis à sa disposition, s'il vit dans l'ignorance et l'obscurantisme.

Nous pensons fermement que notre action d'avenir doit consister en une *accentuation de la scolarisation*, compte tenu naturellement des moyens de chacun de nos Territoires.

Nous devons, par ailleurs, penser à la relève.

Et comment pourrait-elle être assurée de façon efficace, si nous ne la préparions par une scolarisation plus forte que celle d'aujourd'hui ?

A ce propos, *nous devons nous pencher particulièrement sur le retard actuel de l'instruction et de l'éducation des filles africaines.*

Nous entendons employer tous les moyens souhaitables pour les amener à rattraper ce retard, car l'Afrique ne pourra harmonieusement évoluer si le décalage est trop grand entre ses jeunes filles et ses jeunes gens.

Nous disons, à nouveau, *notre totale confiance en la jeunesse d'Afrique*, à qui nous désirons laisser plus que nous n'avons nous-mêmes trouvé.

Mais nous désirons placer aussi notre belle jeunesse en face de ses devoirs, en face de ses responsabilités.

Si notre action consistera à étendre l'africanisation des cadres dans tous les domaines, *nos jeunes ne doivent pas se dissimuler les difficultés qui les attendent.*

L'Africanisation des cadres ne résoudra pas par elle-même les délicats problèmes qui se posent dans l'administration du pays.

Nos jeunes ne doivent pas ignorer qu'une marge souvent très grande existe entre la théorie et la pratique, *entre l'idéal et le réel.*

A l'heure où l'Afrique, pour son avenir, a besoin de tous ses enfants, pour un travail efficace, nous manquerions à notre devoir d'hommes responsables si nous tenions à nos jeunes le langage de la démagogie facile.

En prenant en mains les responsabilités dans nos Territoires, nos Elites se doivent de se consacrer entièrement à l'intérêt général, au bien-être des populations africaines. Elles savent résister à la facilité, qui réserve, presque toujours, des réveils pénibles et dont les masses paient toujours les frais.

Discours prononcé le 26 septembre 1957 lors du 3e Congrès international du Rassemblement Démocratique Africain à Bamako.

Chronologie

18 octobre 1905 : Naissance à Ngokro, Afrique Occidentale française

3 septembre 1944 : Fonde le Syndicat agricole africain (SAA) et en devient le président.

4 novembre 1945 : Élu député à l'assemblée constituante française.

1ᵉʳ mai 1959 : Devient premier ministre de Côte d'Ivoire.

27 novembre 1960 : élu président de la Côte d'Ivoire. Fonction qu'il occupera jusqu'en 1993.

7 décembre 1993 : Décès à Yamoussoukro, Côte d'Ivoire

Notes

Sékou Touré

« Nous préférons la Pauvreté dans la Liberté à l'Opulence dans l'esclavage. »

[...]

Nous avons, quant à nous, un premier et indispensable besoin, celui de notre Dignité. Or, *il n'y a pas de Dignité sans Liberté*, car tout assujettissement, toute contrainte imposée et subie dégrade celui sur qui elle pèse, lui retire une part de sa qualité d'Homme et en fait arbitrairement un être inférieur. *Nous préférons la Pauvreté dans la Liberté à l'Opulence dans l'esclavage.*

[...] En effet, le monde évolue rapidement et les impératifs de la vie moderne posent avec brutalité le problème du choix entre la stagnation et le progrès, entre la division des Peuples et leur union fraternelle, entre l'esclavage et la liberté, enfin entre la guerre et la paix.

Pour l'Afrique Noire d'influence française, ces problèmes doivent être abordés avant tout avec un esprit réaliste, compréhensif. Notre cœur, notre raison, en plus de nos intérêts les plus évidents, nous font choisir, sans hésitation, l'interdépendance et la liberté dans cette union, plutôt que de nous définir sans la France et contre la France. Et c'est en raison de cette orientation politique que nos exigences doivent être toutes connues pour que leur discussion soit facilitée au maximum. [...]

Je rappelle souvent que *la vie de l'homme va de zéro à cent alors que celle de nos Peuples est éternelle.* Nous sommes quant à nous Africains de Guinée, sûrs que notre courage et notre loyauté, notre communion d'action créatrice de biens, et notre amour de la Justice et du Progrès sauront conduire, à travers le temps, notre future Communauté avec toujours plus de Puissance, et dans la Prospérité et la Liberté.

Discours du 25 août 1958 à l'indépendance de la Guinée

Chronologie

9 janvier 1922 : Naissance à Faranah, Guinée française

1945 : Devient secrétaire général du syndicat des postiers.

1956 : Élu député de la Guinée à l'assemblée nationale française.

1957 : Crée l'Union générale des travailleurs d'Afrique noire.

1958 : Proclame l'indépendance immédiate de la Guinée. Cette brusque séparation de la France lui vaudra des difficultés pendant tout son règne, les colons ayant emportés avec eux tout leur matériel et leurs documents.

1984 : Décès à Cleveland, États-Unis

Notes

Patrice Émery Lumumba

« Plus nous serons unis, mieux nous résisterons à l'oppression. »

[…]

En effet, l'unité africaine tant souhaitée aujourd'hui par tous ceux qui se soucient de l'avenir de ce continent, ne sera possible que si les hommes politiques et les dirigeants de nos pays respectifs font preuve d'un *esprit de solidarité*, de concorde et de collaboration fraternelle dans la poursuite du bien commun de nos populations. […]

Puisque nos objectifs sont les mêmes, nous atteindrons facilement et plus rapidement ceux-ci dans *l'union* plutôt que dans la division. […]

Plus nous serons unis, mieux nous résisterons à l'oppression, à la corruption et aux manœuvres de division auxquelles se livrent les spécialistes de la politique du « diviser pour régner ». […]

Notre seule détermination – et nous voudrions que l'on nous comprenne – est d'extirper le colonialisme et l'impérialisme de l'Afrique. […]

Sur le plan culturel, les nouveaux États africains doivent faire un sérieux effort pour *développer la culture africaine*. Nous avons une culture propre, des valeurs morales et artistiques inestimables, un code de savoir-vivre et des modes de vie propres. Toutes ces beautés africaines doivent être développées et préservées avec jalousies. [...]

Africains, levons-nous ! Africains, unissons-nous ! Africains, marchons main dans la main avec ceux qui veulent nous aider pour faire de ce beau continent un continent de la liberté et de la justice.

Discours du 22 mars 1959 sur l'Afrique

Chronologie

2 juillet 1925 : Naissance à Onalua, Congo belge

1955 : Il crée l'Association du personnel indigène de la colonie (APIC)

Octobre 1958 : Cofondateur du Mouvement national congolais (MNC) avec pour objectif « la liquidation du régime colonialiste et de l'exploitation de l'homme par l'homme. »

Décembre 1958 : Il participe à la Conférence des Peuples africains à Accra, où il rencontre d'autres leaders anticolonialistes comme Kwame Nkrumah, Frantz Fanon ou encore Félix Moumié. Il en ressort motivé et prêt à lutter pour l'indépendance du Congo.

Novembre 1959 : La révolte des mouvements nationalistes éclate. Lumumba est arrêté et condamné à 6 mois d'enfermement le 21 janvier 1960. Mais il fût libéré trois jours plus tard sur demande des représentants des différents mouvements nationalistes qui refusaient de siéger sans lui à la table ronde avec les autorités belges à Bruxelles.

30 juin 1960 : Proclamation de l'indépendance. Le Congo belge devient la République du Congo.

11 juillet 1960 : Sécession de l'État du Katanga proclamée par Tshombé. Lumumba envoie les troupes congolaises mais elles font face au cessez-le-feu imposé par l'ONU, qui avait considéré le conflit comme interne au Congo avant de revenir sur sa décision. Pour Lumumba, c'est une trahison. Il décide alors de résister et en appelle à la solidarité africaine.

4 septembre 1960 : Le président Joseph Kasa-Vubu révoque Lumumba et les ministres nationalistes.

14 septembre 1960 : Coup d'état organisé par le colonel Mobutu, ancien ami et collaborateur de Lumumba.

17 janvier 1961 : Lumumba est assassiné.

Notes

Sylvanus Olympio

« Notre indépendance ne peut se concevoir que dans la justice et la liberté. »

[…]

Vous tous enfin, mes chers compatriotes, aussi bien de l'extérieur que de l'intérieur, ce jour est avant tout un commencement, un départ. Certes, ce qui nous tenait à cœur, et qui était notre premier objectif, l'indépendance, est maintenant un fait accompli, une réalité tangible. Mais il nous appartient désormais, et à nous seuls, d'*assumer la responsabilité de notre développement économique et social,* d'*imposer le respect de nos opinions et de nos droits*, d'*affirmer notre existence dans l'honneur et la dignité.* Tout cela se fera, mais ne se fera qu'avec le concours de vous tous. […] Mettez-vous à l'œuvre, que la tâche qui incombe à chacun soit accomplie de la manière la plus parfaite et le reste nous sera donné par surcroît.

Je me plais à souligner que *notre indépendance ne peut se concevoir que dans la justice et la liberté* ; liberté d'action, de pensée et d'expression de cette pensée, mais liberté qui pour être véritable et durable doit être assortie d'un sage respect des droits de chaque homme, de chaque femme et être exempt de toute idée de licence ou d'anarchie. […]

Je suis, pour ma part, persuadé que *c'est par la coopération économique que nous pourrons dès à présent contribuer, dans une grande mesure, au bien être des habitants de l'Afrique Occidentale qui nous concerne directement.* Par ce moyen, nous pourrons avoir plus de chance de succès que dans le domaine politique où nous sommes confrontés avec des problèmes à long terme, complexes et parfois ardus. [...]

En guise de proposition plus concrète, nous pourrions envisager, dès à présent, l'institution d'un organisme de coopération économique de l'ouest africain qui pourrait revêtir, par exemple, la forme de l'O.E.C.E[1]. Cet organisme serait un champ de rencontre pour d'importantes discussions et permettrait la coordination des efforts dans un domaine bien spécifié, en évitant toutefois l'immixtion dans les affaires intérieures des Etats membres.

Si l'unité africaine, tant économique que politique est le but qui nous tient le plus à cœur, cela ne signifie point que nous bornerons nos horizons à la seule Afrique. Désireux de pratiquer la politique de la porte ouverte, nous entendons, au contraire, entretenir avec tous les Etats, de quelques continents qu'ils soient, *des relations d'amitié*

---

[1] L'Organisation Européenne de Coopération Économique

basées sur une mutuelle compréhension et le respect réciproque des institutions de chacun. [...] En un mot, nous n'avons d'amertume pour personne, mais nous offrons notre amitié à tous les peuples et Nations. [...]

Discours programme prononcé le 27 avril 1960 à l'indépendance du Togo.

Chronologie

6 septembre 1902 : Naissance à Kpando, Togo

Avril 1958 : Devient premier ministre du Togo autonome.

Avril 1960 : Président de la république du Togo indépendant

13 janvier 1963 : Assassinat

Notes

Patrice Émery Lumumba

« Nous allons veiller à ce que les terres de notre patrie profitent véritablement à ses enfants. »

[…]

La République du Congo a été proclamée et notre cher pays est maintenant entre les mains de ses propres enfants. Ensemble, mes frères, mes sœurs, nous allons commencer une nouvelle lutte, une lutte sublime qui va mener notre pays à la paix, à la prospérité et à la grandeur.

Nous allons établir ensemble la justice sociale et assurer que chacun reçoive la juste rémunération de son travail. Nous allons montrer au monde ce que peut faire l'homme noir lorsqu'il travaille dans la liberté, et nous allons faire du *Congo le centre de rayonnement de l'Afrique toute entière.*

Nous allons veiller à ce que les terres de notre patrie profitent véritablement à ses enfants. Nous allons revoir toutes les lois d'autrefois et en faire de nouvelles qui seront justes et nobles. […]

Et pour tout cela, chers compatriotes, soyez sûrs que nous pourrons compter non seulement sur *nos forces énormes et nos richesses immenses*, mais sur l'assistance de nombreux pays étrangers dont nous accepterons la collaboration chaque fois qu'elle sera loyale et ne cherchera pas à nous imposer une politique quelle qu'elle soit. [...]

Je vous demande à tous d'*oublier les querelles tribales* qui nous épuisent et risquent de nous faire mépriser à l'étranger. [...]

Je vous demande à tous de ne reculer devant aucun sacrifice pour assurer la réussite de notre grandiose entreprise. [...]

L'indépendance du Congo marque un pas décisif vers la *libération de tout le continent africain.* [...]

J'invite tous les citoyens congolais, hommes, femmes et enfants de se mettre résolument au travail, en vue de créer une économie nationale prospère qui consacrera notre indépendance économique.

Hommage aux combattants de la liberté nationale !

Vive l'Indépendance et l'Unité africaine !

Vive le Congo indépendant et souverain ! »

Discours de l'indépendance, 30 juin 1960

Notes

Notes

Modibo Keita

« Le pouvoir monétaire est inséparable de la souveraineté nationale. »

[…]

Mes Chers Collègues, aussi loin que nous remontons dans le temps, l'histoire nous enseigne que le pouvoir politique s'accompagne toujours et nécessairement du droit régalien de battre monnaie, que *le pouvoir monétaire est inséparable de la souveraineté nationale*, qu'il en est le complément indispensable, l'attribut essentiel.

Pouvoir politique et pouvoir monétaire ne sont donc, à dire vrai, que les aspects complémentaires d'une seule et même réalité : la souveraineté nationale. Or, vous savez comme moi que malgré son accession à l'indépendance, le Mali se trouve encore dans une position d'étroite dépendance économique vis-à-vis de l'ex-puissance coloniale. […] Ainsi, l'organisation de la monnaie et du crédit ne relève pas des Gouvernements Africains. Tous les pouvoirs de décision dans ce domaine sont concentrés au sommet, c'est-à-dire à Paris.

Comment promouvoir dès lors le développement économique harmonieux de la Nation si l'on ne dispose pas de moyens nécessaires, du puissant levier de commande que constitue la monnaie ? Point n'est besoin d'être économiste pour savoir que *la monnaie, au niveau national, est à la fois une garantie de liberté et, mieux encore, un instrument de puissance.*

Garantie de liberté, parce qu'elle nous permet, non pas de faire ce que l'on veut, mais bien plutôt d'agir dans le sens de l'intérêt national.

Instrument de puissance dans la mesure où elle nous donne la possibilité de contraindre les féodalités économiques et les groupes de pression qui veulent ignorer l'intérêt national pour ne défendre que les privilèges exorbitants hérités du régime colonial moribond. Enfin, et surtout, par ce choix qui balaie une des survivances, une des séquelles les plus vivaces de l'ordre colonial, *nous entendons demeurer résolument fidèles à l'esprit de décolonisation totale* qui a animé le congrès historique du 22 septembre 1960 et qui a déterminé l'option socialiste de notre politique. […]

La monnaie nationale, c'est d'abord l'instrument nécessaire d'un développement économique réel, c'est-à-dire axé sur la planification socialiste. Or, l'expérience le prouve, la planification du développement ne peut être réalisée par un Gouvernement dépourvu de pouvoirs monétaires. Avoir son autonomie monétaire, disposer des pouvoirs monétaires, c'est, sur le plan interne, *pouvoir régler et contrôler comme on l'entend l'émission de la monnaie métallique et fiduciaire,* la direction du crédit, aussi bien aux entreprises, privées ou publiques, qu'à l'Etat.

Mais, c'est aussi et surtout, sur le plan externe, *avoir la possibilité de contrôler la validité des paiements extérieurs conformément au plan du commerce extérieur*, d'assurer le rapatriement de la contre-valeur des exportations, d'*empêcher les transferts spéculatifs*.

Discours prononcé le 30 juin 1962 à l'Assemblée Nationale à l'occasion de l'émission d'une monnaie nationale

Chronologie

4 juin 1915 : Naissance à Bamako, Afrique Occidentale française

1937 : Cofonde le syndicat des enseignants d'Afrique Occidentale française

26 novembre 1956 : Devient maire de Bamako.

1958 : Élu président de l'assemblée constituante de la fédération du Mali.

22 septembre 1960 : Proclame l'indépendance du Soudan français qui devient la république du Mali et en devient le président.

16 mai 1977 : Meurt en détention après le coup d'état qui le renversa neuf ans plus tôt.

Notes

Haïlé Sélassié

« Notre liberté n'a pas de sens tant que tous les Africains ne sont pas libérés. »

[…]

Au cours de cette conférence, nous devons déterminer si nous sommes prêts à aller de l'avant et à tracer le cours de notre destinée. Il n'est pas moins important que nous sachions d'où nous venons. *La connaissance de notre passé est essentielle à la définition de notre personnalité et de notre identité en tant qu'Africains.* […]

Les Africains étaient politiquement libres et économiquement indépendants. Ils avaient leur propre structure sociale, et leurs cultures étaient véritablement autochtones. […]

Aujourd'hui, *notre plus grande tâche est la libération finale de ces Africains encore dominés par l'exploitation et sous le contrôle de puissances étrangères.* Avec cet objectif et ce triomphe sans condition à notre portée, ne faillissons pas, ne traînons pas, ne nous reposons pas. […]

Notre liberté n'a pas de sens tant que tous les Africains ne sont pas libérés. […]

Les souvenirs des injustices passées ne doivent pas nous détourner des affaires plus pressantes. Nous devons vivre en paix avec nos anciens

colonisateurs, faire taire les récriminations et l'amertume, *renoncer au luxe de la vengeance et des représailles,* ne pas laisser l'acidité de notre haine entamer nos âmes et empoisonner nos cœurs. [...]
Aujourd'hui, nous regardons vers le futur, calmement, avec confiance et courageusement. *Notre vision de l'Afrique n'est pas seulement celle d'une Afrique libre mais celle d'une Afrique unie.* [...]
Il est de notre devoir et de notre privilège de *réveiller le géant endormi de l'Afrique,* non pas pour répondre au nationalisme européen du XIXe siècle, non pas pour répondre à une conscience régionale, mais pour la vision d'une unique fraternité africaine, mettant toutes ses forces unies dans l'accomplissement d'un objectif plus grand et plus noble.

Discours du 25 mai 1963 sur la création de l'OUA[2]

---

[2] Organisation de l'Unité Africaine, aujourd'hui Union Africaine (UA)

Chronologie

23 juillet 1892 : Naissance à Ejersa Goro, Ethiopie sous le nom de Tafari (celui qui est redouté)

3 mars 1910 : Nommé gouverneur de Harar.

7 octobre 1928 : Nommé prince héritier et régent de la couronne sous le titre de Négus.

2 novembre 1930 : Couronné empereur, il prit le nom de Haïlé Sélassié Ier (pouvoir de la Trinité).

1923 : Admission de l'Éthiopie à la Société des Nations.

1963 : Initie la création de l'Organisation de l'Unité Africaine (OUA) avec pour siège Addis Abeba.

12 septembre 1974 : Destitution par l'armée

27 Août 1975 : Décès à Addis Abeba

Notes

Aimé Césaire

« C'est entre nos mains à tous que se trouve l'avenir
de l'art africain. »

[...]

L'art africain, comme tout grand art, me dira-t-on, en
tout cas plus que tout autre, et depuis si longtemps si
ce n'est depuis toujours, est d'abord dans l'homme,
dans l'émotion de l'homme transmise aux choses par
l'homme et sa société. C'est la raison pour laquelle *on
ne peut séparer le problème du sort de l'art africain du
problème du sort de l'homme africain,* c'est-à-dire en
définitive du sort de l'Afrique elle-même.

L'art africain de demain vaudra ce que vaudront
l'Afrique de demain et l'Africain de demain. *Si
l'homme africain s'appauvrit,* s'il s'étiole, *s'il se
coupe de ses racines,* s'il se prive de ses sucs
nourriciers, s'il se coupe de ses réserves millénaires,
s'il devient le voyageur sans bagage, s'il se déleste de
son passé pour entrer plus allégrement dans l'ère de la
civilisation de masse, *s'il se débarrasse de ses
légendes, de sa sagesse, de sa culture propre,* ou bien
tout simplement s'il considère qu'il n'a plus aucun
message à délivrer au monde, s'il a perdu son
assurance historique ou s'il ne la retrouve pas, rien n'y
fera malgré les festivals, malgré les encouragements
officiels, malgré l'Unesco, malgré tous les prix, c'est

très simple, l'art africain s'étiolera, s'appauvrira et disparaîtra.

Si, au contraire, l'homme africain *conserve et préserve sa vitalité*, son assurance, sa générosité, son humour, son rire, sa danse, s'il se campe fièrement sur sa terre non pas pour s'isoler ou pour bouder, mais au contraire pour accueillir le monde, alors l'art africain continuera. [...]

Aussi bien est-ce en nos mains, en nos mains à tous et non pas seulement entre les mains des hommes de culture, car la séparation est absolument artificielle, *c'est entre nos mains à tous que se trouve l'avenir de l'art africain.* C'est pourquoi, aux hommes d'État africains qui nous disent : Messieurs les artistes africains, travaillez à sauver l'art africain, nous répondons : Hommes d'Afrique et vous d'abord, politiques africains, parce que c'est vous qui êtes les plus responsables, faites-nous de la bonne politique africaine, faites-nous une bonne Afrique, *faites-nous une Afrique où il y a encore des raisons d'espérer,* des moyens de s'accomplir, des raisons d'être fiers, *refaites à l'Afrique une dignité et une santé, et l'art africain sera sauvé.*

Discours prononcé le 6 avril 1966 lors du Colloque sur l'art dans la vie du peuple qui marqua l'ouverture du Premier Festival mondial des arts nègres, Dakar, Sénégal.

Chronique

26 juin 1913 : Naissance à Basse-Pointe, Martinique

Septembre 1934 : Cofonde le journal L'Étudiant noir
  qui donnera naissance au concept de la négritude.

1945 : Devient maire de Fort-de-France puis député.

17 avril 2008 : Décès à Fort-de-France

Notes

Leopold Sédar Senghor

« Paix est synonyme d'ordre et d'harmonie. »

[…]

Je soulignerai que *le concept de paix est à la base de la société,* voire de l'ontologie nord-soudanienne. Dans toutes les langues de mon pays, les salutations et les «au revoir » tournent autour de la paix : « As-tu la paix ?» « Reste en paix !»
Mais, pour le Nord-Soudanien, voire pour le Négro-Africain, la paix n'est pas seulement une négation : <l'absence de guerre>. C'est surtout une situation positive : un jeu de rapports équilibrés, aussi bien intrapersonnels qu'interpersonnels. *Paix est synonyme d'ordre et d'harmonie.* Et le mot grec qui la rendrait le mieux est dikaiosýne et non eiréne. Pour le Nègre-Africain donc, l'Homme, dans sa vie individuelle et dans sa vie sociale, a pour vocation de réparer le mal, qui provient du désordre originel, en recréant l'ordre primordial de la création à l'exemple et image de Dieu : cet ordre qui est harmonie parce que justes proportions et participation de tous les éléments qui constituent la personne, la société, le monde, l'univers. La société est <en paix>, c'est-à-dire harmonieuse parce que juste, quand chaque personne et chaque groupe socio-culturel a sa part, joue son rôle dans celle-ci. Il y a mieux. Dans les langues sénégalaises, beauté est synonyme d'ajustement, d'équilibre et d'accord,

comme, parfois, de bonté. Nous passons, ainsi, d'une notion ontologique et morale à une notion culturelle. *Rien ne doit être détruit* ou seulement inemployé parmi les éléments qui constituent une personne, une société, un monde parce que la vie spirituelle, je veux dire la culture, comme la vie physique, est faite, précisément, du libre jeu de ces éléments, de ces forces, dont la nature est de toujours tendre à un équilibre, à une harmonie, à une beauté, qui est l'expression parfaite de la vie spirituelle.

Discours prononcé le 22 septembre 1968 à Francfort lors de la remise du prix de la paix des libraires allemands.

Chronologie

9 octobre 1906 : Naissance à Joal, Sénégal

1948 : Fonde le Bloc démocratique sénégalais.

1956 : Devient maire de Thiès, Sénégal.

5 septembre 1960 : Élu président de la république du Sénégal.

Décembre 1980 : Démissionne de la présidence suite à la pression populaire.

2 juin 1983 : Élu à l'académie française devenant le premier africain à siéger à cette académie.

20 décembre 2001 : Décès à Verson, Normandie

Les révolutions

Thomas Sankara

« Développement prêt-à-porter : Non !
Développement sur mesure : Oui. »

[…]

Demain se décide aujourd'hui. Il nous faut prendre aujourd'hui une conscience claire des obstacles énormes à surmonter sur le quadruple plan culturel, social, économique et politique. Notre lutte anti-impérialiste doit cesser d'être une vision de l'esprit pour se matérialiser dans notre vécu quotidien. Cette œuvre ne peut être entreprise avec succès si le Burkinabè ne se défait de tout ce qui anesthésie la pensée, de tout ce qui corrompt et entretient des habitudes acquises dans la vieille société néocoloniale. […]

Notre anti-impérialisme concret et conséquent sera d'abord *la toilette de nos mentalités pour nous débarrasser des réflexes de néo-colonisés* préoccupés de se conformer à des normes culturelles que la domination étrangère nous a imposées.

Sous-développés nous le sommes. Nous ne le sommes que dans notre esprit d'abord. Mais camarades *par rapport à qui, par rapport à quoi sommes-nous sous-développés* ?

Nous ne devons pas nous laisser imposer un rythme de marche, un modèle de société que les censeurs impérialistes ont créé pour dompter notre peuple.

Ne permettons plus jamais, à l'impérialisme de continuer de nous abuser. Ne lui permettons plus de fabriquer chez nous des hommes et des femmes qui, abdiquant toute responsabilité historique, admettent et encouragent que l'on ne réussit dans la société que lorsque l'on peut prouver que l'on est le plus conforme à l'aristocratie étrangère. La culture que notre petite bourgeoisie impose criminellement à notre peuple, c'est la culture occidentale. L'adoption de cette culture occidentale si elle a des mérites, ne peut être un enrichissement que si elle est librement, donc sélectivement, vécue. *Il nous faut alors nous protéger contre, la domination culturelle.* […]

A partir de maintenant, consciemment, nous allons proclamer : *Développement prêt-à-porter : Non ! Développement sur mesure : Oui.*

Discours du 4 août 1986 sur le développement

Thomas Sankara

« Il n'y a de révolution sociale véritable que lorsque la femme est libérée. »

[...]

Mères, sœurs, compagnes,

Il n'y a point d'homme fier tant qu'il n'y a point de femme à côté de lui. *Tout homme fier, tout homme fort, puise ses énergies auprès d'une femme* ; la source intarissable de la virilité, c'est la féminité. La source intarissable, *la clé des victoires se trouvent toujours entre les mains de la femme.* C'est auprès de la femme, sœur ou compagne que chacun de nous retrouve le sursaut de l'honneur et de la dignité.

C'est toujours auprès d'une femme que chacun de nous retourne pour chercher et rechercher la consolation, le courage, l'inspiration pour oser repartir au combat, pour recevoir le conseil qui tempérera des témérités, une irresponsabilité présomptueuse. C'est toujours auprès d'une femme que nous redevenons des hommes, et chaque homme est un enfant pour chaque femme. Celui qui n'aime pas la femme, celui qui ne respecte pas la femme, celui qui n'honore pas la femme, a méprisé sa propre mère. Par conséquent, *celui qui méprise la femme méprise et détruit le lieu focal d'où il est issu,* c'est-à-dire qu'il se suicide lui-même parce qu'il estime n'avoir pas de raison d'exister, d'être sorti du sein généreux d'une femme.

Camarades, *malheur à ceux qui méprisent les femmes !* [...] Camarades, *aucune révolution,* et à commencer par notre révolution, *ne sera victorieuse tant que les femmes ne seront pas d'abord libérées.* Notre lutte, notre révolution sera inachevée tant que nous comprendrons la libération comme celle essentiellement des hommes. *Après la libération du prolétaire, il reste la libération de la femme.* [...]

Camarades, *il n'y a de révolution sociale véritable que lorsque la femme est libérée.* Que jamais mes yeux ne voient une société, que jamais, mes pas ne me transportent dans une société où la moitié du peuple est maintenue dans le silence. [...]

Camarades, en avant pour la conquête du futur ; Le futur est révolutionnaire ; Le futur appartient à ceux qui luttent.

La patrie ou la mort, nous vaincrons !

Discours du 8 mars 1987 sur la femme

Chronologie

21 décembre 1949 : Naissance à Yako (Haute-Volta)

Septembre 1981 : Nommé secrétaire d'État à l'information dans le gouvernement de Saye Zerbo.

21 avril 1982 : Démissionne de son poste de secrétaire d'État avec la phrase : « Malheur à ceux qui bâillonnent le peuple ».

Janvier 1983 : Devient premier ministre suite au coup d'état qui porte au pouvoir Jean-Baptiste Ouédraogo. Il sera limogé le 17 mai après avoir invité le très controversé dirigeant libyen Mouammar Kadhafi.

4 Août 1983 : Désigné et installé de facto Président du conseil national révolutionnaire suite à la révolte de la garnison insurgée de Pô qui débarque à Ouagadougou accompagnée d'une foule en liesse.

4 Août 1984 : Renomme la République de Haute-Volta en Burkina Faso ; ce qui signifie : *le pays des hommes intègres*.

15 octobre 1987 : Meurt par assassinat lors d'un coup d'état qui amène au pouvoir son plus proche ami et camarade Blaise Compaoré.

Notes

Nelson Rolihlahla Mandela

« Nous devons agir ensemble en tant que peuple uni. »

[…]

Le temps est venu de panser nos blessures. Le moment est venu de réduire les abîmes qui nous séparent. Le temps de la construction approche. Nous avons enfin accompli notre émancipation politique. *Nous nous engageons à libérer tout notre peuple de l'état permanent d'esclavage à la pauvreté,* à la privation, à la souffrance, à la discrimination liée au sexe ou à toute autre discrimination. Nous avons réussi à franchir le dernier pas vers la liberté dans des conditions de paix relative. *Nous nous engageons à construire une paix durable, juste et totale.* Nous avons triomphé dans notre effort pour insuffler l'espoir dans le cœur de millions de nos concitoyens. Nous prenons l'engagement de bâtir une société dans laquelle tous les Sud-Africains, blancs ou noirs, pourront marcher la tête haute sans aucune crainte au fond de leur cœur, assurés de leur droit inaliénable à la dignité humaine - une nation arc-en-ciel en paix avec elle-même et avec le monde. […]

Nous comprenons bien qu'il n'y a pas de voie facile vers la liberté. Nous savons bien que nul d'entre nous agissant seul ne peut obtenir la réussite. *Nous devons donc agir ensemble en tant que peuple uni*, pour la réconciliation nationale, pour la construction de la nation, pour la naissance d'un nouveau monde.

Que la justice soit présente pour tous ! Que la paix soit là pour tous ! Que le travail, le pain, l'eau et le sel soient à la disposition de tous ! Que chacun sache cela, car tant le corps que l'esprit et l'âme ont été libérés pour leur plein épanouissement !

Que jamais, au grand jamais ce beau pays ne subisse l'oppression de l'un par l'autre et ne souffre l'indignité d'être le pestiféré du monde.

Que règne la liberté !

Le soleil ne se couchera jamais sur une réussite humaine si glorieuse.

Discours d'investiture du 10 mai 1994

Chronologie

18 juillet 1918 : Naissance à Mvezo, Afrique du Sud

1943 : Rejoint le Congrès National Africain (ANC)

1951 : Devient le premier avocat noir de Johannesburg avec Olivier Tambo.

1952 : élu président de l'ANC du Transvaal et vice-président national.

1958 : Épouse Winnie Madikizela

1961 : Fonde la branche armée de l'ANC se désolidarisant ainsi de la stratégie non violente.

1964 : Jugement puis condamnation à perpétuité. Emprisonnement sur l'île prison Robben Island.

1982 : Transfert à la prison de Pollsmoor

11 février 1990 : Libéré après 27 ans d'emprisonnement.

26 février 1990 : Appelle à la paix et la réconciliation.

10 octobre 1993 : Reçois le prix Nobel de la paix.

Avril 1994 : Élu président de la république d'Afrique du Sud.

5 décembre 2013 : Décès à Johannesburg.

Notes

La nouvelle ère

Wangari Maathai

"Good governance seeks justice and equity for all"

[…]

In managing our resources, we need to realise that they are limited and need to be managed more sustainably, responsibly, and accountably. It is also important that the resources be shared more equitably both at the commemorations of the May 18 Democratic Movement national but also at the global level.

Sustainable management of the resources is only possible if we practice good governance, which calls for *respect for the rule of law, respect for human rights*, a willingness to give space and a voice to the weak and the more vulnerable in our societies; that we respect the voice of the minority, even while accepting the decision of the majority, and respect diversity. *Good governance seeks justice and equity for all* irrespective of race, religion, gender, and any other parameters, which man uses to discriminate and exclude. Good governance is indeed inclusive and seeks participatory democracy.

We call for the strengthening of institutions, such as the United Nations and its many organs to restrain strong nations so that they do not walk all over the weak ones. Security of nations at the global level is as important as security of individuals within the national boundaries. And for individuals, as well for the nations, *if they are not secure, no one is secure.* [...]

When we manage our resources sustainably and practice good governance we deliberately and consciously promote cultures of peace, which include the willingness to dialogue and make genuine efforts for healing and reconciliation, especially where there has been misunderstanding, lost of trust, and even conflict. Whenever we fail to nurture these three themes, conflict becomes inevitable. [...]

Discours prononcé le 16 juin 2006 lors du sommet sur le développement durable, la démocratie et la paix en Afrique à Gwangju, Corée du Sud.

Chronologie

1ᵉʳ avril 1940 : Naissance à Ihithe, Kenya

1964 : Obtient sa licence en biologie devenant ainsi la première femme d'Afrique de l'Est à l'obtenir.

1977 : Fonde le *Green Belt Movement*[3]

2003 : Fonde le parti vert Mazingira

2004 : Reçois le prix Nobel de la paix.

2011 : Décès à Nairobi.

---

[3] Le mouvement de la ceinture verte, un mouvement écologiste pour la lutte pour la protection de l'environnement.

Notes

Ellen Johnson Sirleaf

"The Renaissance calls for a better distribution of the benefits of economic growth."

[…]

But I do believe that a new Africa is unfolding before our eyes. *The African Renaissance is now at hand.* It is within reach. It is embedded within the honest and seeking minds of the young, the professionals, the activists, the believers in our continent. Difficulties remain, no doubt, trouble spots abound for sure, and many seek to discredit this process, but we have reached the threshold and there is no turning back from the irreversible transformation.

Let me recall the essential elements of this transformation, the meaningful African effort to move from dream to reality, to relegate to history the legacies of patronage, corruption, lawlessness and underdevelopment. Collectively, as a continent, there are three major systemic changes in our body polity that will give rise to this transformation.

First, *we require much stronger economic management.* Second, the resolution of the debt crisis and the changing relationship with our international partners. And third, *the shift to democratic and accountable governance.* […]

We must never forget that *the Renaissance calls for a better distribution of the benefits of economic growth*; that opportunities must be made equal to enable more Africans to rise above absolute poverty; that more of the poor should have access to health and education, to clean water and electricity and housing.

Discours prononcé le 12 juillet 2008 lors de la sixième édition du forum annuel Nelson Mandela

Chronologie

29 octobre 1938 : Naissance à Monrovia, Libéria

1979 : Ministre des finances du Libéria sous la présidence de William Richard Tolbert.

Novembre 2005 : Élue présidente du Libéria devenant ainsi la première femme à ce poste sur le plan continental.

2011 : Reçois le prix Nobel de la paix.

2012 : Réélection à la tête du pays.

Notes

Notes

Abdou Diouf

« Laisser l'Afrique en marge du monde n'empêchera pas l'Afrique d'être mondialisée. »

[...]

Si nous sommes ici, aujourd'hui, c'est parce que nous voulons lire le présent à la lumière des grandes dates de notre histoire partagée pour mieux inventer et organiser notre devenir commun.

Un devenir commun, dans lequel, l'Afrique, berceau de l'humanité, retrouvera sa place légitime dans le nécessaire rééquilibrage politique, économique et culturel du monde.

A cet égard, *il est grand temps d'en finir avec l'afro pessimisme ou l'afro scepticisme*, avec les clichés anachroniques ou les attitudes compassionnelles. Et l'on verra, alors, que *l'Afrique regorge de compétences et de talents, de ressources naturelles, de trésors culturels.* On verra les avancées conquises en l'espace de cinquante ans à peine. On verra les dynamiques prometteuses qui se sont enclenchées en matière d'intégration politique et économique, en matière de gouvernance démocratique, de sécurité et de paix, singulièrement dans le cadre du NEPAD et de l'Union africaine, qui s'affirme chaque jour comme un vecteur puissant de mobilisation de toutes les énergies, comme un partenaire de plus en plus reconnu, respecté, écouté par la communauté internationale, un partenaire avec lequel la Francophonie a noué une coopération privilégiée.

Qu'on en ait pris conscience ou pas, *l'Afrique est bien là, plus qu'hier et moins que demain*, décidée à faire entendre sa voix dans les enceintes internationales, à faire valoir ses intérêts dans les négociations, à jouer sa partition dans l'élaboration et l'avènement d'un nouvel ordre mondial.

Que les bénéficiaires actuels de la mondialisation le veuillent ou non, *laisser l'Afrique en marge du monde n'empêchera pas l'Afrique d'être mondialisée !* Car la mondialisation ne nous laisse d'autre choix ou d'autre chance que de vivre ensemble ! […]

Discours prononcé le 6 juillet 2010 lors de la 36eme session de l'assemblée parlementaire de la francophonie.

Chronologie

7 septembre 1935 : Naissance à Louga, Afrique occidentale française

1963 : Nommé directeur de cabinet de Léopold Sédar Senghor.

1970 : Nommé premier ministre du Sénégal.

1983 : Deviens le deuxième président de la république du Sénégal à la suite de la démission de Senghor.

1988 & 1993 : Réélu président.

2002 : Élu secrétaire générale de l'organisation internationale de la francophonie. Il sera reconduit en 2006 et 2010.

Notes

Laurent Gbagbo

« Il faut faire en sorte que nous respections les lois que nous nous sommes librement donnés. »

[…]

J'avais déjà proposé qu'au niveau de l'Afrique, on supprime tous les visas. […]

Parce que nous ne pouvons pas nous plaindre que l'Europe oppose à nos jeunes de ne pas aller dans les pays européens, avec des restrictions drastiques et puis nous même entre nous, quand des jeunes ou des moins jeunes veulent venir dans un pays un peu prospère, on met des barrières. Je pense que ce n'est pas normal.

[…]

L'Afrique est riche. Nous n'avons pas encore transformé tous nos produits mais nous avons la matière première. J'ai proposé que *nous créions un fonds de développement en Afrique en prélevant sur les matières premières de chaque pays.* […]

Si nous prélevons sur chacune de nos matières premières et que nous créions un fonds, on verra que les africains ne vont pas se mettre en rang pour aller emprunter à Paris, à Londres ou à New-York mais qu'entre eux, ils peuvent financer l'essentiel du développement. […]

Ce qui différencie les hommes des bêtes, […] c'est que nous avons des lois qui nous permettent de vivre en société sans nous dévorer. Une fois que nous dérapons sur les lois, nous tombons dans la sauvagerie, dans la barbarie. Donc *il faut faire en sorte que nous respections les lois que nous nous sommes librement donnés*. […] Il faut passer le message aux chefs d'États africains […]. Il y en a qui regardent un chef d'État aux prises avec des forces étrangères et ils rient. Mais il faut leur dire que c'est comme ça qu'on a colonisé l'Afrique. Parce que quand le colonisateur arrivait, il attaquait une tribu, l'autre tribu riait [en disant] nous ne sommes pas concernés. Mais quand on a fini [avec] la tribu A, on passe à la tribu B. […]

Discours du 21 décembre 2010 sur l'Afrique

Chronologie

31 mai 1945 : Naissance à Gagnoa, Côte d'Ivoire

1980 : Devient directeur de l'Institut d'histoire, d'art et d'archéologie africaine (IHAAA)

1982 : Crée le Front Populaire Ivoirien

1985 : S'exile en France après s'être montré très actif lors de diverses manifestations syndicales et révolutionnaires contre le parti unique d'alors le Parti démocratique de Côte d'Ivoire (PDCI).

Octobre 1990 : Se présente aux élections présidentielles qu'il perd contre Houphouët-Boigny.

Octobre 2000 : Élu président de la république de Côte d'Ivoire.

2010 : Réélection contestée par son principal opposant Alassane Ouattara. S'en suit un combat armé entre les deux camps.

11 avril 2011 : Arrestation et incarcération

30 novembre 2011 : Transfert à la Cour pénale internationale (CPI)

15 janvier 2019 : Acquittement par la CPI

Notes

Mohamed VI

*« Il est temps que les richesses de l'Afrique
profitent à l'Afrique. »*

[…]

Excellences, Mesdames et Messieurs,
Il est temps que les richesses de l'Afrique profitent
à l'Afrique. Nous devons œuvrer afin que notre
terre, après avoir subi des décennies de pillages,
entre dans une ère de prospérité. Certes le
colonialisme n'est pas la seule cause des problèmes
de l'Afrique. Toutefois, ses effets néfastes
perdurent. Pendant longtemps, nous avons tourné
notre regard ailleurs, pour prendre une décision, un
engagement.
N'est-il pas l'heure de faire cesser ce tropisme ?
*N'est-il pas l'heure de nous tourner vers notre
continent ?* De considérer ses richesses culturelles,
son potentiel humain ?
L'Afrique peut être fière de ses ressources, de son
patrimoine culturel, de ses valeurs spirituelles et
l'avenir doit porter haut et fort cette fierté naturelle!

*L'Afrique peut et doit valider elle-même ses
processus électoraux,* et cautionner ainsi le choix
libre de ses citoyens.
Elle dispose des outils de régulation et des
institutions judiciaires, telles que les Conseils

constitutionnels et les Cours Suprêmes, à même de trancher les contentieux et les recours électoraux.

Ces organismes pourraient, le cas échéant, être renforcés. Mais ils existent ! Ils sont mis en œuvre ! Sinon à quoi servent-ils ?

[…]

Je le répète ! *La notion de tiers-mondisme me paraît dépassée !*

Ces agissements relèvent plutôt de l'opportunisme économique : la considération et la bienveillance accordées à un pays ne doivent plus dépendre de ses ressources naturelles et du profit qu'on en espère !

[…]

Discours prononcé le 31 janvier 2017 lors du 28ème sommet de l'Union Africaine, Addis-Abeba.

Chronologie

21 Août 1963 : Naissance à Rabat, Maroc
26 novembre 1985 : Nommé coordonnateur des bureaux et services de l'état-major général des Forces armées royales.
23 juillet 1999 : Proclamé Roi du Maroc

Notes

Notes

Nkosazana Dlamini Zuma

"We must develop our African identity."

[...]

Taking courage from our founders, this last four and a half years have solidified my belief that we can and will succeed as a continent, but there are a number of critical ingredients.

The first is *unity and solidarity*, which has been our inheritance from the early Pan Africanists, and those who formed the Pan African Women's Organisation and the Organisation of African Unity. This unity and solidarity is what led to success in our struggles against colonialism and apartheid, and will see us succeed in the mission of our generations.

The second is *belief and confidence in ourselves*. Like other regions of humanity, we have ancient civilizations and cultures, and heroes and heroines, both past and present. We must build on this and develop our African identity, amongst all generations of Africans.

The third is as Kwame says *courage*. We already had the courage to envision the Africa we want, through the aspirations that are contained in Agenda 2063.

We now have the courage to always and everywhere put Africa first, to innovate, and to learn from our successes and our failures. Last, but not least, is *determination*, hard work and focus. Africans in governments, in the RECs, in civil society, from east to west, central, north and south must be determined and work tirelessly to achieve our generational mission of an integrated, peaceful and prosperous Africa, and lay the foundations in our lifetime. This, as Nkrumah said, calls for courage to work and to achieve.

These things are all within our powers. Indeed, dare we ask for more in life! […]

Discours prononcé le 14 mars 2017 lors de la passation de pouvoir à la commission africaine entrante.

Chronologie

27 janvier 1949 : Naissance dans la province du Natal, Afrique du Sud

1976 : Vice-présidente de l'organisation des étudiants sud-africains

1994 : Devient premier ministre noir de la santé sous la présidence Mandela

2012 : Élue présidente de la commission de l'Union africaine

30 mai 2019 : Nommée Ministre de la gouvernance coopérative et des affaires traditionnelles de l'Afrique du Sud.

Notes

Notes

Nana Addo Dankwa Akufo-Addo

« Il est de notre responsabilité de trouver des moyens pour développer nos nations par nous-mêmes. »

[…]

Nous ne pouvons plus continuer à mener, dans nos pays, dans nos régions, une politique sur la base de l'aide des occidentaux, de l'Europe, de l'union européenne ou la France. Cela n'a pas marché, ça ne marche pas et ça ne marchera pas !

Il est de notre responsabilité de trouver des moyens pour développer nos nations par nous-mêmes. Ce n'est pas juste qu'un pays comme le Ghana, 60 ans après son indépendance, continue à définir son budget de l'éducation et de la santé sur la base des financements provenant du contribuable européen. Au stade où nous sommes, *nous devrions être capable de financer nous-mêmes nous besoins de base.* […]

Notre préoccupation devrait consister à nous demander ce que nous devons faire pour éviter que l'Afrique continue à mendier de l'aide et à demander l'aumône dans ce 21e siècle. Quand tu regardes l'Afrique et, considérant ses ressources, c'est l'Afrique qui devrait donner de l'argent à d'autres pays. Nous avons des ressources énormes sur ce continent. *Nous devons avoir l'état d'esprit du gagnant*, nous dire que si les autres ont réussi, alors nous aussi nous pouvons réussir une fois que nous aurons cet état d'esprit. [...]

Mais notre défi majeur, notre part de responsabilité devrait être de créer les conditions nécessaires afin que nos jeunes cessent de braver tous ces dangers pour aller en Europe.

Ils n'y vont pas parce qu'ils veulent, mais parce qu'ils ne pensent pas qu'il y a des opportunités dans nos propres pays. Ces conditions, nous pouvons les créer si nous changeons cette mentalité de personnes qui dépendent des autres, cette mentalité d'assisté. Et si nous y parvenons, nous verrons que dans une décennie *l'Afrique émergera* et on aura une nouvelle génération d'africain et en ce moment, les indépendances dont on a parlé pendant la période dite d'indépendance deviendront réelles et effectives. [...]

Discours du 30 novembre 2017 sur l'aide au développement

Chronologie

29 mars 1944 : Naissance à Accra, Ghana

1970 : rejoint le mouvement populaire pour la liberté et la justice

1990 : Crée le Comité ghanéen pour les droits populaires et humains.

1998 : Se pose comme candidat aux élections présidentielles pour son parti le New Patriotic Party mais perd contre John Kufor qui remporta les élections présidentielles de décembre 2000

2012 : Participe à l'élection présidentielles mais perd contre John Mahama.

2016 : Se représente une nouvelle fois à l'élection présidentielle qu'il remporte cette fois-ci.

7 janvier 2017 : Prend fonction en tant que Président de la République du Ghana.

Notes

Paul Kagame

"Our job is to make sure that every generation in Africa, enjoys a better life than the previous one."

[…]

Africa's defining challenge is to create a pathway to prosperity for our people, especially young people. Elsewhere, this has been achieved through industrialization. But the growth trajectory that transformed Asia is not necessarily any longer a viable option for Africa, simply because we waited too long to act. Technology has evolved so rapidly in recent years, that Africa's window to follow that strategy is narrowing much more rapidly than previously understood. We are running out of time, and we must act now to save Africa from permanent deprivation. Scale is essential. *We must create a single continental market, integrate our infrastructure, and infuse our economies with technology.*

No country or region can manage on its own. We have to be functional, and we have to stay together. The financial and institutional reform of the African Union derives all of its urgency from these realities. Fortunately, Africa has assets and strengths to build on, starting with this organization, and its tangible commitment to unity. This is an advantage, which no other region of the world possesses, in such abundance. *Unity must be our starting point*, as we do the necessary work of redefining our plans and ambitions, in continental terms. These changes need to happen. There is no country on our continent that does not want to be part of a more assertive and visible Africa. […]

Elders should be able to enjoy the pleasure, of telling you how hard they had it at your age, so you don't take things for granted, and are inspired to work even harder. However, too many Africans come of age in the same conditions as their parents and grandparents, and sometimes the hardships endured are even worse. *Our job is to make sure that every generation in Africa, enjoys a better life than the previous one.*

Young Africans are also professional men and women, and you have a full role to play. *We cannot build Africa without you.* For women especially, we need to unreservedly accord them their full rights and roles.

I thank you.

Discours de prise de fonction en tant que président de l'union africaine, 28 janvier 2018

Chronologie

23 octobre 1957 : Naissance à Tambwe, Rwanda

1987 : Cofonde le Front Patriotique Rwandais (FPR), dont il prend la tête en 1990.

19 juillet 1994 : Deviens Vice-président du Rwanda.

17 avril 2000 : Devient président de la république du Rwanda après la démission de Pasteur Bizimungu.

2003 & 2010 & 2017 : Réélection à la tête du Rwanda.

2018 – 2019 : Président de l'Union Africaine

Notes

Nana Addo Dankwa Akufo-Addo

« Nous ne pouvons pas dépendre des autres pour financer l'éducation de nos pays. »

[…]

Nous avons la plus jeune population de la planète, la plus jeune population sur le continent le plus riche, mais avec les pires conditions de vie de toute la planète. *Et ce paradoxe ne sera détruit que par l'éducation.* Nous avons le devoir d'assurer à chaque enfant, garçon comme fille […] un accès à l'éducation. Non seulement un accès à l'éducation simplement, mais à une éducation qui leur permettrait de faire face aux défis du 21ème siècle. Il s'agit alors de deux objectifs immédiats : l'accès à l'éducation et une éducation de qualité qui leur permettrait de survivre en ce 21ème siècle. […]

Mais comment financer un tel projet ? Voilà la question qu'il faille se poser. *Nous ne pouvons pas dépendre des autres pour financer l'éducation de nos pays.* Nous ne pouvons pas faire cela. Je ne dis pas cela pour frustrer toutes ces importantes et nobles personnes de bonne volonté qui nous viennent en aide. Mais si notre politique dépend de la politique des autres, alors nous souffrirons si leur politique change. Alors que *si nous élaborions notre propre politique, nous aurions en tout temps le contrôle de notre destinée.* Et le financement nécessaire à cela existe-t-il sur notre continent ? Oui il existe. Il existe en abondance. *Il suffit que nous éliminions la corruption de notre vie publique.* Il suffit aussi que nous nous organisions de telle sorte à avoir des arrangements intelligents avec ceux qui aimeraient exploiter nos ressources afin d'avoir des contrats équitables entre eux et nous. Nous devons aussi empêcher la fuite de capitaux du continent. [..]

Alors, c'est cela notre défi. Comment pourrions-nous nous organiser afin de nous assurer que la richesse, l'abondante richesse de ce grand continent, tout au moins pour la première fois dans l'histoire moderne, soit utilisée dans l'intérêt des personnes vivant sur le continent et pas de ceux qui vivent à l'extérieur ? […]

Discours du 2 février 2018 sur l'éducation

Notes

Notes

Chimamanda Ngozi Adichie

"This is a time for courage."

[…]

Art can illuminate politics. Art can humanize politics. But sometimes, that is not enough. Sometimes politics must be engaged with as politics. And this could not be more urgent today. The world is shifting; it's changing; it's darkening. We can no longer play by the old rules of complacency. *We must invent new ways of doing, new ways of thinking.* [...]

This is a time for courage, and my understanding of courage is not the absence of fear. It is the resolve to act while also being afraid. This is a time for more complex stories: *it is not enough to know about how refugees suffer* or how they do not fit into a new society; we must also know about what hurts their pride, what they aspire to, and who arms the wars that made them refugees in the first place, who bears responsibility.

This is a time to proclaim that *economic superiority does not mean moral superiority*. This is a time to parse the subject of immigration, to be honest about it. To ask whether the question is about immigration or whether it is about immigration of specific kinds of people – Muslims, black people, brown people.

This is a time for boldness in storytelling, a time for new storytellers. It is important to have a wide diversity of voices – not because we want to be politically correct, but because we want to be accurate. *We cannot understand the world if we continue to pretend that a small fraction of the world is representative of the whole world.*

This is a time to revisit how we think about stories. The question of human rights is not just about the big stories of government repression. It is also about the intimate stories. Domestic violence is as much a question of human rights as refugee asylum. [...]

All over the world today, women are speaking up, but their stories are still not really heard. It is time for us to pay more than lip service to the fact that women's stories are for everyone, not just women. We know from studies that women read books by men and women, but men read books by men. *It is time for men to read women.* It is time to bring an end to that question "what do women want," because it is time for all of us to know that *women simply want to be full members of the human family.* [...]

Discours prononcé le 9 octobre 2018 à l'ouverture de la foire du livre de Francfort.

Chronologie

15 septembre 1977 : Naissance à Enugu, Nigéria.

2008 : Obtient un Master en Études africaines à Yales University

2003 : Écrit sa première nouvelle « L'Hibiscus pourpre »

2017 : Élue à l'Académie américaine des arts et des sciences

Notes

Denis Mukwege

« Agir, c'est refuser l'indifférence. »

[…]

Je m'appelle Denis Mukwege. Je viens d'un des pays les plus riches de la planète. Pourtant, le peuple de mon pays est parmi les plus pauvres du monde. La réalité troublante est que l'abondance de nos ressources naturelles – or, coltan, cobalt et autres minerais stratégiques – alimente la guerre, source de la violence extrême et de la pauvreté abjecte au Congo.

Nous aimons les belles voitures, les bijoux et les gadgets. J'ai moi-même un smartphone. Ces objets contiennent des minerais qu'on trouve chez nous. Souvent extraits dans des conditions inhumaines par de jeunes enfants, victimes d'intimidation et de violences sexuelles. En conduisant votre voiture électrique, en utilisant votre smartphone ou en admirant vos bijoux, *réfléchissez un instant au coût humain de la fabrication de ces objets*.

En tant que consommateurs, le moins que l'on puisse faire est d'*insister pour que ces produits soient fabriqués dans le respect de la dignité humaine*.

Fermer les yeux devant ce drame, c'est être complice.

Ce ne sont pas seulement les auteurs de violences qui sont responsables de leurs crimes, mais aussi ceux qui choisissent de détourner le regard. Mon pays est systématiquement pillé avec la complicité des gens qui prétendent être nos dirigeants. Pillé pour leur pouvoir, leur richesse et leur gloire. Pillé aux dépens de millions d'hommes, de femmes et d'enfants innocents abandonnés dans une misère extrême… tandis que les bénéfices de nos minerais finissent sur les comptes opaques d'une oligarchie prédatrice.

[…] Le prix Nobel de la Paix qui nous est décerné aujourd'hui n'aura de valeur réelle que s'il peut changer concrètement la vie des victimes de violences sexuelles de par le monde et contribuer à ramener la paix dans nos pays.
Alors, que pouvons-nous faire ? Que pouvez-vous faire ?   Premièrement, c'est notre responsabilité à tous d'agir dans ce sens.

Agir c'est un choix. […]

C'est un choix : de construire ou non la paix dans les pays en conflits.

Agir, c'est refuser l'indifférence.

S'il faut faire la guerre, c'est la guerre contre l'indifférence qui ronge nos sociétés. [...]

Le défi est clair. Il est à notre portée.

Discours prononcé le 10 décembre 2018 lors de la remise du prix Nobel de la paix.

Chronologie

1er mars 1955 : Naissance à Bukavu, Congo belge

1983 : Obtient son diplôme de médecin.

1989 : Devient directeur de l'hôpital de Lemera, RDC[4]

1999 : Fonde l'hôpital de Panzi à Bukavu, RDC

2018 : Reçois le prix Nobel de la paix.

---

[4] République Démocratique du Congo, capitale Kinshasa.

Notes

A'Salfo

« La jeunesse doit être une opportunité. Elle ne doit pas être un problème. »

[...]

Monsieur le premier ministre, je me retourne vers vous, vous qui êtes le chef du gouvernement pour vous dire que l'espoir est permis [...].
Les jeunes peuvent s'en sortir. À condition que nos gouvernements écoutent et mettent en place aussi des politiques pour répondre à leurs préoccupations. [...]
Malheureusement certains fléaux comme la corruption, le chômage, l'inadéquation entre la formation et l'emploi sont une entrave au bien être des jeunes et les poussent souvent au désespoir. Combattre ces fléaux doit être au centre de la politique du gouvernement monsieur le premier ministre.
Cela passera par *l'autonomisation des jeunes et de la jeune fille,* le renforcement des établissements d'enseignement professionnels, la promotion et la valorisation des modèles de réussite, *la promotion de l'entreprenariat* à travers le financement des projets jeunes via la création d'un fonds de garantie auprès des banques pour le financement et l'appui des initiatives de jeunes. Aussi la promotion et le financement des projets agricoles au profit de la jeunesse.

Cette liste non exhaustive de proposition permettra j'en suis convaincu d'apporter une réponse efficace aux préoccupations des jeunes.

Vous jeunes aussi, la responsabilité est de deux côtés. Autant nous pouvons demander au gouvernement de prendre des dispositions pour nous mettre dans des conditions adaptées à nos modes de vies, *autant nous voudrions vous demander de saisir certaines occasions qui se présentent à vous* […].

La jeunesse doit être une opportunité. Elle ne doit pas être un problème. [..]

Discours prononcé le 9 janvier 2019 lors des états généraux de la jeunesse, Treichville, Côte d'Ivoire.

Chronologie

15 mars 1979 : Naissance à Abidjan, Côte d'Ivoire sous le nom de Salif Traoré.

1997 : Cofonde le groupe de musique Magic System

20 Août 2012 : Nommé ambassadeur de bonne volonté de l'UNESCO.

Notes

Notes

Lettres à la jeunesse

Amadou Hampaté Bâ

« Soyez au service de la Vie. ! »

Mes chers cadets,

Celui qui vous parle est l'un des premiers nés du vingtième siècle. Il a donc vécu bien longtemps et, comme vous l'imaginez, vu et entendu beaucoup de choses de par le vaste monde. *Il ne prétend pas pour autant être un maître en quoi que ce soit.* Avant tout, il s'est voulu un éternel chercheur, *un éternel élève*, et aujourd'hui encore sa soif d'apprendre est aussi vive qu'aux premiers jours.

Il a commencé par chercher en lui-même, se donnant beaucoup de peine pour se découvrir et bien se connaître, afin de pouvoir ensuite se reconnaître en son prochain et l'aimer en conséquence. Il souhaiterait que chacun de vous en fasse autant.

Après cette quête difficile, il entreprit de nombreux voyages à travers le monde : Afrique, Proche-Orient, Europe, Amérique. En élève sans complexes ni préjugés, il sollicita l'enseignement de tous les maîtres et de tous les sages qu'il lui fut donné de rencontrer. Il se mit docilement à leur écoute. Il enregistra fidèlement leurs dires et analysa objectivement leurs leçons, afin de bien comprendre les différents aspects de leurs cultures et, par là même, les raisons de leur comportement. Bref, il s'efforça toujours de comprendre les hommes, car le grand problème de la vie, c'est la MUTUELLE COMPRÉHENSION.

Certes, qu'il s'agisse des individus, des nations, des races ou des cultures, nous sommes tous différents les uns des autres ; mais nous avons tous quelque chose de semblable aussi, et c'est cela qu'il faut chercher pour pouvoir se reconnaître en l'autre et dialoguer avec lui. Alors nos différences, au lieu de nous séparer, deviendront complémentarité et source d'enrichissement mutuel. De même que la beauté d'un tapis tient à la variété de ses couleurs, la diversité des hommes, des cultures et des civilisations fait la beauté et la richesse du monde. Combien ennuyeux et monotone serait un monde uniforme où tous les hommes, calqués sur un même modèle, penseraient et vivraient de la même façon ! N'ayant plus rien à découvrir chez les autres, comment s'enrichirait-on soi-même ?

À notre époque si grosse de menaces de toutes sortes, *les hommes doivent mettre l'accent non plus sur ce qui les sépare, mais sur ce qu'ils ont de commun, dans le respect de l'identité de chacun.* La rencontre et l'écoute de l'autre est toujours plus enrichissante, même pour l'épanouissement de sa propre identité, que les conflits ou les discussions stériles pour imposer son propre point de vue. Un vieux maître d'Afrique disait : il y a « ma » vérité et

« ta » vérité, qui ne se rencontreront jamais. « LA » Vérité se trouve au milieu. Pour s'en approcher, chacun doit se dégager un peu de « sa » vérité pour faire un pas vers l'autre…

Jeunes gens, derniers-nés du vingtième siècle, vous vivez à une époque à la fois effrayante par les menaces qu'elle fait peser sur l'humanité et passionnante par les possibilités qu'elle ouvre dans le domaine des connaissances et de la communication entre les hommes. La génération du vingt et unième siècle connaîtra une fantastique rencontre de races et d'idées. Selon la façon dont elle assimilera ce phénomène, elle assurera sa survie ou provoquera sa destruction par des conflits meurtriers. Dans ce monde moderne, personne ne peut plus se réfugier dans sa tour d'ivoire. Tous les États, qu'ils soient forts ou faibles, riches ou pauvres, sont désormais interdépendants, ne serait-ce que sur le plan économique ou face aux dangers d'une guerre internationale. Qu'ils le veuillent ou non, les hommes sont embarqués sur un même radeau : qu'un ouragan se lève, et tout le monde sera menacé à la fois. Ne vaut-il pas mieux essayer de se comprendre et de s'entraider mutuellement avant qu'il ne soit trop tard ?

L'interdépendance même des États impose une complémentarité indispensable des hommes et des cultures. De nos jours, l'humanité est comme une grande usine où l'on travaille à la chaîne : chaque pièce, petite ou grande, a un rôle défini à jouer qui peut conditionner la bonne marche de toute l'usine.

Actuellement, en règle générale, les blocs d'intérêt s'affrontent et se déchirent. Il vous appartiendra peut-être, ô jeunes gens, de faire émerger peu à peu un nouvel état d'esprit, davantage orienté vers la complémentarité et la solidarité, tant individuelle qu'internationale. Ce sera la condition de la paix, sans laquelle il ne saurait y avoir de développement.

La civilisation traditionnelle (je parle surtout de l'Afrique de la savane au sud du Sahara, que je connais plus particulièrement) *était avant tout une civilisation de responsabilité et de solidarité à tous les niveaux.* En aucun cas un homme, quel qu'il soit, n'était isolé. Jamais on n'aurait laissé une femme, un enfant, un malade ou un vieillard vivre en marge de la société, comme une pièce détachée. On lui trouvait toujours une place au sein de la grande famille africaine, où même l'étranger de passage trouvait gîte et nourriture. L'esprit communautaire et le sens du partage présidaient à tous les rapports humains. Le plat de riz, si modeste fût-il, était ouvert à tous.

L'homme s'identifiait à sa parole, qui était sacrée. Le plus souvent, les conflits se réglaient pacifiquement grâce à la « palabre » : « Se réunir pour discuter, dit l'adage, c'est mettre tout le monde à l'aise et éviter la discorde ». Les vieux, arbitres respectés, veillaient au maintien de la paix dans le village. « Paix ! », « La paix seulement ! », sont les formules-clé de toutes les salutations rituelles africaines. L'un des grands objectifs des initiations et des religions traditionnelles était l'acquisition, par chaque individu, d'une totale maîtrise de soi et d'une paix intérieure sans laquelle il ne saurait y avoir de paix extérieure. *C'est dans la paix et dans la paix seulement que l'homme peut construire et développer la société*, alors que la guerre ruine en quelques jours ce que l'on a mis des siècles à bâtir !

L'homme était également considéré comme responsable de l'équilibre du monde naturel environnant. Il lui était interdit de couper un arbre sans raison, de tuer un animal sans motif valable. *La terre n'était pas sa propriété*, mais un dépôt sacré confié par le Créateur et dont il n'était que le gérant. Voilà une notion qui prend aujourd'hui toute sa signification si l'on songe à la légèreté avec laquelle les hommes de notre temps épuisent les richesses de la planète et détruisent ses équilibres naturels.

Certes, comme toute société humaine, la société africaine avait aussi ses tares, ses excès et ses faiblesses. C'est à vous, jeunes gens et jeunes filles, adultes de demain, qu'il appartiendra de *laisser disparaître d'elles-mêmes les coutumes abusives*, tout en sachant *préserver les valeurs traditionnelles positives*. La vie humaine est comme un grand arbre et chaque génération est comme un jardinier. *Le bon jardinier n'est pas celui qui déracine*, mais celui qui, le moment venu, sait élaguer les branches mortes et, au besoin, procéder judicieusement à des greffes utiles. *Couper le tronc serait se suicider*, renoncer à sa personnalité propre pour endosser artificiellement celle des autres, sans y parvenir jamais tout à fait. Là encore, souvenons-nous de l'adage : « Le morceau de bois a beaucoup séjourné dans l'eau, il flottera peut-être, mais jamais il ne deviendra caïman ! »

Soyez, jeunes gens, ce bon jardinier qui sait que, pour croître en hauteur et étendre ses branches dans toutes les directions de l'espace, un arbre a besoin de profondes et puissantes racines. Ainsi, bien enracinés en vous-mêmes, vous pourrez sans crainte et sans dommage vous ouvrir vers l'extérieur, à la fois pour donner et pour recevoir.

Pour ce vaste travail, deux outils vous sont indispensables : tout d'abord, *l'approfondissement et la préservation de vos langues maternelles*, véhicules irremplaçables de nos cultures spécifiques ; ensuite, *la parfaite connaissance de la langue héritée de la colonisation* (pour nous la langue française), tout aussi irremplaçable, non seulement pour permettre aux différentes ethnies africaines de communiquer entre elles et de mieux se connaître, mais aussi pour nous ouvrir sur l'extérieur et nous permettre de dialoguer avec les cultures du monde entier.

Jeunes gens d'Afrique et du monde, le destin a voulu qu'en cette fin du vingtième siècle, à l'aube d'une ère nouvelle, vous soyez comme un pont jeté entre deux mondes : celui du passé, où de vieilles civilisations n'aspirent qu'à vous léguer leurs trésors avant de disparaître, et celui de l'avenir, plein d'incertitudes et de difficultés, certes, mais riche aussi d'aventures nouvelles et d'expériences passionnantes. Il vous appartient de relever le défi et de faire en sorte qu'il y ait, non-rupture mutilante, mais continuation sereine et fécondation d'une époque par l'autre.

Dans les tourbillons qui vous emporteront, souvenez-vous de nos vieilles valeurs de communauté, de solidarité et de partage. Et si vous avez la chance d'avoir un plat de riz, ne le mangez pas tout seuls. Si des conflits vous menacent, souvenez-vous des vertus du dialogue et de la palabre !

Et lorsque vous voudrez vous employer, au lieu de consacrer toutes vos énergies à des travaux stériles et improductifs, *pensez à revenir vers notre Mère la Terre, notre seule vraie richesse*, et donnez-lui tous vos soins afin que l'on puisse en tirer de quoi nourrir tous les hommes. Bref, *soyez au service de la Vie, sous tous ses aspects !*

Certains d'entre vous diront peut-être : « C'est trop nous demander ! Une telle tâche nous dépasse ! ».

Permettez au vieil homme que je suis de vous confier un secret : de même qu'il n'y a pas de « petit » incendie (tout dépend de la nature du combustible rencontré), il n'y a pas de petit effort. Tout effort compte, et l'on ne sait jamais, au départ, de quelle action apparemment modeste sortira l'événement qui changera la face des choses. N'oubliez pas que le roi des arbres de la savane, le puissant et majestueux baobab, sort d'une graine qui, au départ, n'est pas plus grosse qu'un tout petit grain de café…

Tony Elumelu

"We must change the rules of the game."

Young African,

You are brave, you are resilient. You are savvy, you are entrepreneurial, and unlike the generations that have come before you, you are much hungrier for success. You call your ambition, "your hustle", and you have several of them because you are tireless and eager to achieve financial independence – no matter how elusive it appears. You are optimistic but you are also anxious. You have seen others toil long and hard for economic security in vain, decades of labour without fruit. Some of your friends may have discussed emigrating with you – legally or illegally, and some may have lost their young lives crossing the Mediterranean in search of a future overseas where their talents are recognized and rewarded. You may even know a few in Libya, unsuspecting victims to the ugly acts of slave trade. A combination of these factors has left you disillusioned and disconnected. You don't believe in politics. There is no use in getting involved. You have seldom experienced good governance, so you think, "What's the point?" But despite the gloom, there actually is indeed a point.

My generation and the ones before may have failed you, and the infrastructure for success glaringly absent – a persistent darkness in place of electricity, a stifling business environment that discourages enterprise and innovation, debilitating bureaucracy, inaccessible public officials who remain oblivious to your needs, an outdated education system in urgent need of reform– and the list goes on, but, if there's anyone with the power to transform our continent and reshape our economic and social trajectory, it is YOU. There is formidable power in your intellect and creativity, your talent and ingenuity are rare, and your resolve and determination against all odds, can drive great change. But most importantly, the greatest force is in your numbers. Together, all 600 million of you that are under 30 years old, have the potential to be the most influential bloc on this continent. The indescribable influence that you can collectively wield, I hope that you soon fully understand and hopefully, deploy.

Today, I'd like to discuss the inescapable reality of politics with you. It has been a busy week of traveling from Lagos to Boston, to Los Angeles, and in a few hours to New York, to receive BCIU's inaugural Dwight Eisenhower Entrepreneurship Award, but I thought to take time out this evening to share a few thoughts with you. I have been inspired to share this with you after listening to my former professor at Harvard, Prof Michael Porter, whose session during our leadership council meeting of the Harvard Kennedy School Center of Public Leadership, was insightful, powerful, and very thought provoking.

His well-articulated argument emphasized that as a people we cannot afford to remain passive about politics. Though his reference region was America, there are strong parallels with our own situation in Africa. The main root cause of our continent's underlying failure to pull the majority of its citizens from the unyielding clutches of poverty is poor leadership, so then why do we continue to tell ourselves that politics exists in a realm outside our own realities? Why do we refuse to engage in the political process of identifying and supporting visionary candidates, instead we remain at the mercy of political leadership committed to putting private interest ahead of public interest? Leaders who are beholden to the ideology that political parties come before citizens. Leaders who are private gain-seeking actors.

What we desperately need is a continent-wide awakening. We must grow to become active citizens who are committed to getting involved. The system is not self-correcting, there are no market forces at play to ensure that it corrects itself. It will require human actors – me and you – to identify and dismantle the structural impediments that fuel the status quo of bad leadership. We must address this issue both systemically and systematically. Our democracy has become very disconnected from being democratic, *we must bring power back to the people.* We must reform the rules of our electoral processes to inject more transparency. *We must transform politics from being an industry for a few interests, to being about the people and addressing the public needs.* We must change the oligopoly nature of our politics today to being one for the majority. The barriers to entry are high in politics, and very often, our best brains and talent are discouraged from running for office. We must dismantle these systems that keep away talented, individuals from joining the race.

We must open the door for generations knocking after us. We must take advantage of our demographic dividend, millions of young people who are ready to make a change. We must welcome this new generation of new ideas and we must democratize access to opportunity for all. We must get more women involved in the process because when you empower women you empower communities. Structural reforms mean that no one individual can make this change alone, but with our collective voices and the realization that this is our time and that no one but us can save our continent, we can achieve change. We can no longer outsource politics or governance to people we do not trust. We must understand the inextricable link between governance, economic growth and national security. To pretend that politics does not influence the entirety of our lives harms us more than it benefits us.

We must change the rules of the game. We must put up a coordinated front to reorient our values and bring power back to the people. Our leaders must be the best amongst us – those with the most transformative ideas and the capacity to deliver. . It should be the best amongst us leading us in government, in the military, in our judiciary and of course the corporate sector. We must instill accountability in our processes, but also hold ourselves accountable. We must play our own role in identifying and empowering those amongst us best placed to make this difference. To abscond from this duty is to be negligent of our responsibility to our continent.

It won't be easy, but nothing good comes easy. A famous man once said you should learn to categorize all your problems in three sections: Easy, Impossible and HARD but doable. When it's easy, you should give it to someone else to handle. When it's impossible, you shouldn't bother with it. But when it's hard but doable, you should go straight to work to make it happen.

My fellow Africans, I appeal to you that though this task seems hard, it is entirely doable, and we must begin this journey. Let us rise to this challenge and begin to elect leaders who we trust in and are confident will help us realize the social and economic hopes of our continent.

Lettre à la prochaine génération, 3 décembre 2017

Repères chronologiques

1957 **6 mars,** Kwame Nkrumah, *"We must change our attitudes and our minds."*

26 septembre, Félix Houphouët-Boigny, « L'avenir de l'Afrique se fera par sa Jeunesse. »

1958 **25 août,** Sékou Touré, « Nous préférons la Pauvreté dans la Liberté à l'Opulence dans l'esclavage. »

1959 **22 mars,** Patrice Lumumba, « Plus nous serons unis, mieux nous résisterons à l'oppression. »

1960 **27 avril,** Sylvanus Olympio, Discours programme

30 juin, Patrice Lumumba, Discours de l'indépendance

1962 **30 juin,** Modibo Keita, « Le pouvoir monétaire est inséparable de la souveraineté nationale. »

1963 **25 mai,** Haïlé Sélassié, Discours sur la création de l'OUA

1966 **6 avril,** Aimé Césaire, « Refaites à l'Afrique une dignité et une santé, et l'art africain sera sauvé. »

1968 **22 septembre,** Leopold Sédar Senghor, « Paix est synonyme d'ordre et d'harmonie. »

1986 **4 août,** Thomas Sankara, « Développement prêt-à-porter : Non ! Développement sur mesure : Oui. »

1987 **8 mars,** Thomas Sankara, « Il n'y a de révolution sociale véritable que lorsque la femme est libérée. »

1994 **10 mai,** Nelson Rolihlahla Mandela, Discours d'investiture comme président

2006 **16 juin,** Wangari Maathai, *"Good governance seeks justice and equity for all"*

2008 **12 juillet,** Ellen Johnson Sirleaf, "The Renaissance calls for a better distribution of the benefits of economic growth."

2010 **6 juillet,** Abdou Diouf, « Laisser l'Afrique en marge du monde n'empêchera pas l'Afrique d'être mondialisée. »

21 décembre, Laurent Gbagbo, « Il faut faire en sorte que nous respecions les lois que nous nous sommes librement donnés. »

2017   **31 janvier,** Mohamed VI, « Il est temps que les richesses de l'Afrique profitent à l'Afrique. »

14 mars, Nkosazana Dlamini Zuma, "We must develop our African identity."

30 novembre, Nana Addo Dankwa Akufo-Addo, « Il est de notre responsabilité de trouver des moyens pour développer nos nations par nous-mêmes. »

2018   **28 janvier,** Paul Kagame, Discours de prise de fonction en tant que président de l'union africaine,

2 février, Nana Addo Dankwa Akufo-Addo, « Nous ne pouvons pas dépendre des autres pour financer l'éducation de nos pays. »

9 octobre, Chimamanda Ngozi Adichie, "This is a time for courage."

10 décembre, Denis Mukwege, « Agir, c'est refuser l'indifférence. »

2019   **9 janvier,** A'salfo, « La jeunesse doit être une opportunité. Elle ne doit pas être un problème. »

Index des noms de pays

Index des noms de personne

Sources Textes

p. 13 Nkrumah
http://perspective.usherbrooke.ca/bilan/serv-let/BMDictionnaire?iddictionnaire=1842

p. 17 Houphouet-Boigny
https://www.cvce.eu/content/publication/2015/10/-30/90824fb5-18a7-46a2-9b44 3cb0313f062f/publishable_fr.pdf

p. 21 Sékou Touré
http://historien.geographe.free.fr/sekoutou-re25aout1958.pdf

p. 25 Lumumba
« Africains, levons-nous ! » Éditions Points, septembre 2010.

p. 29 Olympio
https://togotribune.com/news/le-texte-intgral-du-discours-programme-du-prsident-sylvanus-olympio-le-27-avril-1967-lassemble-nationale/ (sic!)

p. 33 Lumumba
www.levif.be/actualite/international/exclusif-le-discours-de-lumumba-texte-fondateur/article-normal-402789.html

p. 37 Keita
http://modibokeita.free.fr/extraits-de-discours/-discours-3eme-partie/index.php

p. 41 Hailé Sélassié
http://www.rfi.fr/contenu/20100129-discours-lempereur-haile-selassie-extraits

p. 45 Césaire
https://journals.openedition.org/gradhiva/1604
p. 49 Senghor
https://www.friedenspreis-des deutschenbuch-handels.de/sixcms/media.php/1290/1968_senghor.pdf
p. 53 Sankara
http://www.thomassankara.net/developpement-pret-a-porter-non-developpement-sur-mesure-oui-discours-du-president-thomas-sankara-du-4-aout-1986/
p. 55 Sankara
http://www.thomassankara.net/la-liberation-de-la-femme-une/
p. 59 Mandela
https://www.voaafrique.com/a/le-discours-historique-dinvestiture-de-mandela-en-1994/1804820.html
p. 65 Maathai
https://www.greenbeltmovement.org/wangari-maathai/key-speeches-and-articles/sustained-development-democracy-and-peace
p. 69 Johnson-Sirleaf
https://www.nelsonmandela.org/uploads/files/Sirleaf-speech.pdf
p. 73 Diouf
http://mediatheque.francophonie.org/Discours-de-M-Abdou-Diouf-Dakar-le.html

p. 77 Gbagbo
https://www.youtube.com/watch?v=R-knQOM_UW_A (transcription: Charbel Gauthe)
p. 81 Mohammed VI
https://leconomiste.com/sites/default/files/-eco7/public/discours.pdf
p. 85 Dlamini-Zuma
https://au.int/en/speeches/20170314/statement-outgoing-chairperson-au-commission-he-dr-nkosazana-dlamini-zuma-occasion
p. 89 Akufo-Addo
http://www.france-rwanda.info/2017/12/discours-du-president-ghaneen-nana-akufo-recevant-son-homologue-francais-emmanuel-macron-a-accra.html
p. 93 Kagame
https://au.int/en/speeches/20180128/acceptance-remarks-president-kagame-opening-ceremony-30th-african-union-summit
p. 97 Akufo-Addo
https://www.youtube.com/watch?v=jITBjaBi96E&t=1s (traduction et transcription : Charbel Gauthe)
p. 101 Chimamanda:
https://www.publishersweekly.com/pw/by-topic/international/Frankfurt-Book-Fair/article/78342-frankfurt-book-fair-2018-why-chimamanda-adichie-will-not-shut-up.html

p. 105 Mukwege
https://www.mukwege-foundation.org/2018/12/discours-prix-nobel-de-la-paix-2018-denis-mukwege/

p. 109 A'Salfo
https://www.youtube.com/watch?v=i9bfiqa3LdA
(transcription : Charbel Gauthe)

p. 114 Hampaté Bâ :
https://www.deslettres.fr/damadou-hampate-ba-jeunesse-soyez-au-service-vie/

p. 122 Tony Elumelu
https://www.tonyelumelufoundation.org/news/letter-to-the-next-generation-by-tony-o-elumelu-con-2

Image de couverture
http://theconversation.com/what-nelson-mandela-can-teach-us-about-lifelong-dialogue-rich-learning-48289

Notes

Notes

Notes